AF312316

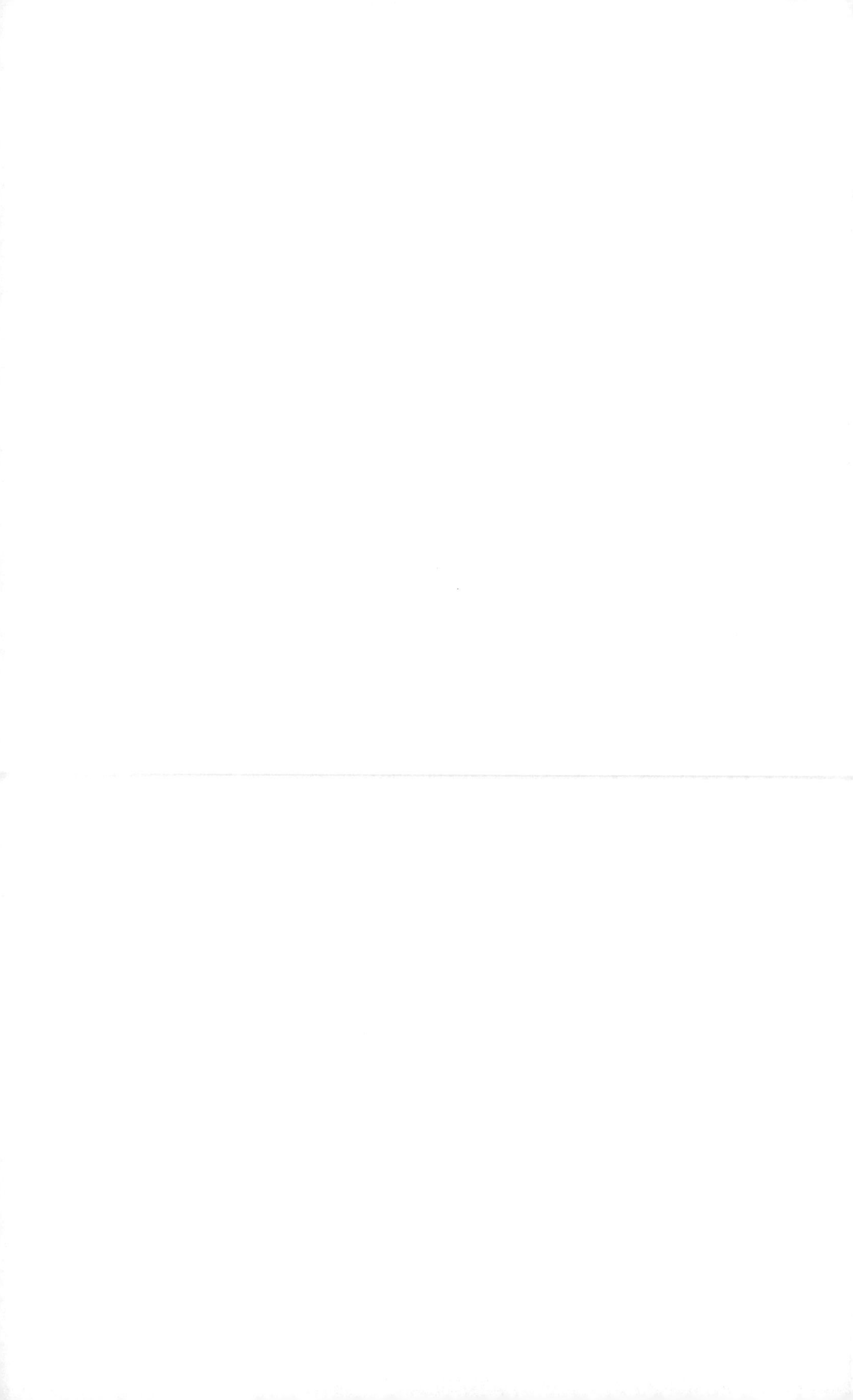

CATALOGUE

DES

OBJETS D'ART

ET

D'AMEUBLEMENT

LOUIS XIV, LOUIS XV & LOUIS XVI

Anciennes Porcelaines Européennes et de l'Extrême-Orient
Faïences — Boites et Bonbonnières
Étuis — Montres en or émaillé et ciselé
Miniatures de Maîtres — Éventail ancien — Orfèvrerie

Bronzes — Marbres — Tableaux

BEAUX MEUBLES DU XVIIIᵉ SIÈCLE

ET DE STYLE

Tapisseries de Bruxelles et d'Aubusson

DONT LA VENTE AURA LIEU

HOTEL DROUOT, SALLES Nᵒˢ 7 & 8

Les Vendredi 6 et Samedi 7 Avril 1894

à 2 heures

Par le ministère de

Mᵉ **P. CHEVALLIER**	Mᵉ **G. DUCHESNE**
COMMISSAIRE-PRISEUR	COMMISSAIRE-PRISEUR
10, rue Grange-Batelière, 10	6, rue de Hanovre, 6

Assistés de **M. A. BLOCHE,** Expert près la Cour d'appel

25, rue de Châteaudun, 25

EXPOSITION PUBLIQUE

Le Jeudi 5 Avril 1894, de 2 heures à 6 heures

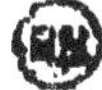

CONDITIONS DE LA VENTE

La vente sera faite *expressément* au comptant.

Les acquéreurs payeront en sus des adjudications *cinq pour cent*.

L'exposition mettant le public à même de se rendre compte de l'état des objets, il ne sera admis aucune réclamation une fois l'adjudication prononcée

Paris. — Imp. de l'Art, E. Moreau et Cie, 41, rue de la Victoire.

DÉSIGNATION DES OBJETS

BOITES. ÉTUIS. MONTRES

ÉVENTAILS

1 — Très belle bonbonnière en vernis Martin   **320**
fond d'or, le dessus décor à figures d'amours,
prenant leurs ébats en tenant des guirlandes
de fleurs, le pourtour offrant des trophées de
musique, des groupes de colombes et autres
attributs allégoriques à l'harmonie et à l'hy-
ménée. Le dessous présente un paysage. Le
couvercle est orné d'une jolie miniature
ovale sur ivoire : portrait de jeune femme à
coiffure haute et poudrée avec roses dans les
cheveux, corsage en satin blanc, coquettement
décolletée. Signée Dumont et daté. Monture
en or. Époque Louis XVI.

2 — Belle bonbonnière ronde en or émaillé   **610**

rouge, rubis sur fond guilloché, bordures,
rosaces et encadrements en émaux opalins,
perlés sur fond d'or sablé. Travail français.
Époque Louis XVI.

380

3 — Tabatière rectangulaire en or ciselé, décor
ornements, rinceaux et rosaces, orné sur le
couvercle d'une miniature sur ivoire : portrait du roi Charles Albert de Savoie. Travail de l'époque.

250

4 — Bonbonnière en poudre d'écaille bleuie,
ornée d'une miniature ronde sur ivoire, représentant les nymphes surprises. Signé
Pérignon. Epoque Louis XVI.

5 — Bonbonnière en écaille orné d'une très
belle mosaïque, représentant un tigre s'a-
charnant sur un taureau. Monture en or.

400

6 — Bel étui en or guilloché, dessins : rubans,
bordures en or de couleur finement ciselées,
formant cachet. Époque Louis XVI.

7 — Petit étui en or guilloché et or de couleur,

décoré de médaillons à paysages et allégories,
avec bordures et guirlandes de laurier finement ciselé, accompagné de sa gaine en galuchat. Epoque Louis XVI.

8 — Grand étui en vernis Martin, décor à
groupes d'amours, d'après Boucher. Monture en or. Époque Louis XVI.

9 — Étui en écaille posée d'or, décor à grecque
gravée et piquée d'or, à bouquets et gerbes de
lys. Époque Louis XVI.

10 — Beau flacon en jade finement évidé, gravé,
à rocailles et coquilles. Monture en argent.
Époque Régence.

11 — Étui en ancien émail de Saxe, décor à
bouquets de fleurs sur fond blanc.

12 — Étui plat en ivoire monté en or, avec médaillons à inscriptions et peinture : Tête de
jeune femme en costume Directoire.

13 — Flacon double en Wedgwood, décor de

scène d'enfants et guirlandes de fleurs. Monture en or. Époque Louis XVI.

14 — Bonbonnière en or guilloché avec bordure or vert. Époque Louis XVI.

15 — Montre en or à double boîtier orné d'un émail représentant une jeune femme portant des colombes sur un autel, encadrements en jargons sur fond bleu, bordure à palmes émaillées, cadran signé Vieusseux, mouvement en bon état. Époque Louis XVI.

16 — Montre en or gravé et ciselé avec émail, portrait de femme enrichi de jargons, mouvement signé Gudin. Époque Louis XVI.

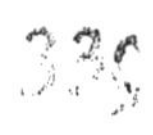

17 — Bel éventail du temps de Louis XVI, feuille en soie à trois médaillons, sujets champêtres avec encadrement et festons à paillettes, monture en ivoire finement sculptée à jour, rehaussée d'or, à médaillons, petits amours et sujets allégoriques.

18 — Quatre petits sujets en ivoire japonais dits netzukés.

19 — Coupe en jade gris évidé, sculpté à branchages à jour.

20 — Casse-noix en bois sculpté à figure de singe, ancien.

21 — Grande montre en or guilloché du Directoire.

22 — Montre en or de couleur ornée de turquoises et de grenats.

23 — Petite cassolette Louis XV, en argent doré.

24 — Petit étui en vernis de Brunswick, décor amours, monture or Louis XVI.

25-26 — Deux épingles de cravates, émaux entourage marcassites.

27 — Deux petites aiguières, l'une en prisme d'améthyste, l'autre en cristal taillé.

28 — Tour de corsage et manches en guipure.

2o — Six mouchoirs garnis de jolies dentelles.

3o — Très belle aiguière en lapis-lazuli, finement
évidée et sculptée, montée en or mat et ciselée,
avec bec formé d'une tête de monstre à cri-
nière hérissée, anse à dauphins enroulés et
base triangulaire ornée de dauphins. Style
Renaissance.

3i — Très joli reliquaire, forme cathédrale, en
argent finement ciselé et doré, offrant au
centre un groupe de la Vierge et de l'Enfant
Jésus, avec couronnes et costumes enrichis
de diamants et de pierreries précieuses; les
montants sont ornés de figures d'apôtres. Au
fronton se détache une figure du Christ Sau-
veur. Au pied du monument, on voit la
Vierge en prière et un archange sur fond
d'onyx. Architecture gothique des plus délicates.

32 — Service en argent, décor lobé, composé
d'une cafetière, d'une théière, d'un sucrier et
d'un pot à crème.

33 — Rape à tabac en ivoire. Louis XIV.

34 — Navette en ivoire. Louis XVI.

35 — Vase en ivoire sculpté représentant la Chasse au sanglier et au cerf.

36 — Deux couteaux à dessert, lames en or et en argent, gaine en galuchat.

MINIATURES

37 — Très jolie petite miniature ovale : Portrait de Mme de Montespan en costume de cour, corsage décolleté, manteau retenu sur les épaules par des ferrets, regardant de face, coiffure à longues boucles tombant entre les épaules. Œuvre remarquable attribuée à Petitot.

38 — Intéressante collection de quatorze miniatures. Portraits de : la duchesse de Villars, la princesse de Soubise, le prince de Condé, la princesse de Rohan-Gueméné, le duc d'Enghien, le roi Louis XV, la duchesse de Choiseul, Mme de la Moignon, La Fillon, le ma-

réchal de Saxe, la Fille mal gardée, Tête de femme et deux autres portraits; les uns attribués à Greuze, à Lagrénée, à Fragonard, à Drouais, à Nattier et à Vestier. Dans un cadre à fond de velours rouge.

39 — Jolie petite miniature ovale : Portrait de La Fontaine, regardant, la tête tournée de face, enveloppé dans un grand manteau bleu. Attribué à Bordier.

40 — Miniature ovale : Portrait du chancelier d'Aguesseau regardant presque de face. Attribué à Hiacynthe Rigaud.

41 — Jolie miniature ovale: Portrait de Mme Jeoffrin, coiffée d'un capuchon, enveloppée dans sa mante, les mains dans son manchon. Œuvre des plus délicates attribuée à Chardin.

42 — Miniature ovale : Portrait de Mlle Mars, représentée à mi-corps en robe blanche décolletée, les bras croisées regardant de face, la tête gracieusement inclinée, fond de paysage. Signé Schiavoni et daté 1814.

43 — Miniature ovale : Portrait de gentilhomme
en costume noir avec collerette garnie de
dentelles blanches, regardant presque de face.
Attribué à Van Dyck. Cadre en filigrane
d'argent doré. Époque Louis XIII.

44 — Miniature ovale: Portrait de Pape, regardant presque de face, la tête légèrement inclinée à droite. Peinture d'une grande finesse
de touche, montée dans un cadre. Travail de
mosaïque de paille, dessins à arabesques de
fleurs. Travail du xvie siècle.

45 — Miniature rectangulaire : Portrait du duc
de La Rochefoucauld de Liancourt, représenté presque de face. Signée Piner et da-
tée 1803.

46 — Miniature ovale : Portrait d'Armand Car-
rel, représenté de profil.

47 — Jolie miniature ronde sur ivoire : portrait
de jeune femme à corsage décolleté, corselet
bleu, avec rubans dans les cheveux, époque
Louis XVI, montée sur une bonbonnière en
écaille.

48 — Miniature ovale : Soyez discret, d'après
Saint-Aubin. Cadre en bronze, sur fond de
velours rouge.

49 — Deux petites miniatures : portraits de
femmes, montures style Louis XVI, enri-
chies de marcassites et de grenats.

50 — Miniature ovale de Kluingsledt : les Baigneuses.

51 — Miniature ronde sur ivoire : Bacchante en-
dormie dans la manière de Caresme. Cadre
en bronze doré à rocailles.

PORCELAINES EUROPÉENNES

52 — *Chantilly*. Joli vase, forme sphérique et
cotelée, décor à la gerbe et bouquets détachés,
rehaussés d'or avec couvercle ajouré, orné de
fleurs en reliefs. Monture en bronze finement
ciselé et doré. Epoque Louis XVI.

53 — *Vieux Cronenburg*. Groupe de deux figures

enguirlandant de fleurs un monument commémoratif avec médaillon au chiffre C et à la date 1790.

54 — *Vieux Saxe*. Figurine de négresse portant une corbeille de fruits.

55 — *Vieux Saxe*. Petite figurine amour travesti, allégorie de l'hiver.

56 — *Vieux Saxe*. Figurine formant flacon, petite femme tenant un chien sous son bras.

57 — *Vieux Saxe*. Figurine de Bacchus debout, coupe et raisin en main.

58 — *Vieux Saxe*. Deux figurines : la Joueuse de triangle et la Marchande de fleurs, sur socle à quatre faces, fond jaune à cartels de fleurs et d'oiseau.

59 — *Vieux Saxe*. Figurine : Jardinier galant, tenant une fleur d'une main et de l'autre son chapeau couvert de fleurs.

60 — *Vieux Saxe*. Figurine : l'Enfant à la théière.

61 — *Vieux Saxe*. Figurine : la Joueuse de cornemuse, représentée assise et coiffée d'un turban.

62 — *Sèvres*. Grande figurine en biscuit représentant le faune joueur de flûte. Très beau modelé.

63 — *Vieux Saxe*. Figurine : le Petit jardinier portant une corbeille sous le bras et sa serpette à la main.

64 — *Vieux Saxe*. Deux figurines : les Muses, allégorie de l'algèbre et l'architecture représentées debout élégamment drapées.

65 — *Vieux Vienne*. Groupe important de quatre figures d'un mouton et une chèvre, représentant les délassement champêtres.

66 — *Vieux Vienne*. Grande figurine: le Pèlerin.

67 — *Vieux Vienne*. Deux figurines représentant des comédiens.

68 — *Vieux Berlin*. Figurine : la Petite fille à la cage.

69 — *Vieux Berlin*. Figurine : le Petit chevrier.

70 — *Vieux Mayence*. Groupe : Enfant portant un mouton sur son épaule.

71 — *Vieux Strasbourg*. — Figurine représentant une marchande ambulante.

72 — *Vieux Sèvres*. Figurine en biscuit représentant la petite Perrette.

73 — *Tournay ancien*. Quatre pots à crème avec couvercle sur une assiette, décor gros bleu et or à bouquet de fleurs et insectes; bordure feuilles de choux.

74 — *Sèvres ancien*. Beurrier avec couvercle, décor à guirlandes de fleurs bleu pâle et filets d'or.

75 — *Sèvres ancien*. Très belle tasse haute en pâte tendre, décor par bandes, de différents tons, à quadrillés et pointillés d'or.

76 — *Sèvres*. Solitaire composé d'un pot à
crème, d'un encrier et une tasse avec soucoupe, décor à fleurs et rocailles, bordure
fond rouge, feuille de choux, rehaussé d'or.

77 — *Saxe ancien*. Paire de vases, gorge ajourée, forme rocaille, décor à bouquets de
fleurs.

78 — *Saxe ancien*. Jardinière à deux anses,
décor à bouquets de fleurs encadrés d'enroulements.

79-80 — *Vieux Saxe*. Deux jolis groupes allégories de la Guerre : le Dieu Mars et trois
amours, et de l'Astronomie : Déesse et trois
amours.

81 — *Vieux Sèvres*. Saladier en pâte tendre,
décor à bouquets de fleurs, filets bleus et
rehauts d'or.

82 — *Villeroy ancien*. Sucrier sur plateau adhérent avec couvercle, décor à bouquets de
fleurs, filets bleus et or.

83 — *Vieux Saxe.* Grande soupière ovale à deux anses, décor à bouquets de fleurs, citron formant la poignée du couvercle.

84 — *Vieux Saxe.* Plateau oblong à contours, à deux anses, décor à bouquets de fleurs.

85 — *Vieux Saxe.* Coquille présentoir, décor à bouquets de fleurs.

86 — *Derby.* Sucrier avec plateau, couvercle et cuillère, décor bleu et or.

87 — *Vieux Sèvres.* Tasse et soucoupe, décor gros bleu et or, médaillons paysages avec figures.

88 — *Berlin.* Figurine de paysan fumant sa pipe.

89 — *Saxe.* Statuette équestre : personnage sur une chèvre portant dans une hotte des chevreaux.

90 — *Vieux Saxe.* Figurine : le Berger Pâris.

**

91 — *Vieux Saxe.* Cafetière et pot à crème, décor : médaillons à sujets siamois, encadrements à rehauts d'or.

92 — *Villeroy ancien.* Pot à crème, décor à bouquets de fleurs.

93 — *Saxe.* Baril sur plateau adhérent, décor à fleurs.

94 — *Vieux Saxe.* Soupière, décor à fleurs.

95 — *Vieux Sèvres.* Tasse et soucoupe en ancienne porcelaine de Sèvres, pâte tendre, décor à oiseaux et guirlandes.

96 — *Vieux Sèvres.* Tasse, pâte tendre, à fond gros bleu, médaillons et bouquets de fleurs.

97 — *Vieux Sèvres.* Tasse, pâte tendre, fond gros bleu, médaillons et oiseaux.

98 — *Vieux Sèvres.* Trois compotiers, pâte tendre, décor à fleurs.

99 — *Vieux Sèvres*. Cuvette, pâte tendre, décor à fleurs.

100 — *Vieux Saxe*. Figurine, dame jouant de la mandoline.

101 — *Vieux Saxe*. Bosquet avec groupe allégorique : le Goût.

102 — *Vieux Saxe*. Deux beaux carlins sur coussins fleuris.

103 — *Vieux Saxe*. Figurine : le Marchand d'oiseaux.

104 — *Vieux Frankenthal*. Figurine : Jeune femme à l'éventail.

105 — *Vieux Saxe*. Groupe : Enée et Anchise.

106 — *Vieux Saxe*. Deux statuettes : le Joueur de cornemuse et le Joueur de vielle.

107 — *Vieux Saxe*. Deux figurines : le Semeur et la Marchande de poissons.

108 — *Vieux Saxe*. Deux statuettes : enfants.

109 — *Vieux Saxe*. Deux figurines : les Chinois.

110 — *Vieux Saxe*. Deux figurines : les Turcs.

111 — *Vieux Saxe*. Levrette.

112 — *Vieux Saxe*. Ours.

113 — *Vieux Saxe*. Groupe de trois enfants représentant les Arts.

114 — *Vieux Saxe*. Figurine : le Czar charpentier.

115 — *Vieux Saxe*. Figurine : un Sens.

116 — *Vieux Saxe*. Groupe : Bacchus.

117 — *Vieux Saxe*. Figurine représentant une muse.

118 — *Vieux Saxe*. Figurine d'enfant : l'Été.

119 — *Vieux Saxe.* Figurine : le Comédien.

120 — *Vieux Saxe.* Figurine : le Comédien.

121 — *Vieux Saxe.* Deux figurines d'enfants représentant les Saisons.

122 — *Vieux Saxe.* Bonbonnière, décor à figures.

123 — *Vieux Saxe.* Boîte, décor à personnages.

124 — *Vieux Saxe.* Boîte en émail, décor à sujets mythologiques.

125 — *Vieux Saxe.* Boîte, décor à sujets.

126 — *Vieux Saxe.* Deux saucières à fleurs.

127 — *Vieux Saxe.* Moutardier à fleurs.

128 — *Vieux Saxe.* Deux tasses et soucoupes à fleurs.

129 — *Vieux Saxe.* Groupe : la Femme au perroquet.

130 — *Vieux Mennecy*. Dix couteaux, manches décor à fleurs.

131 — *Vieux Mayence*. Service composé d'une cafetière, une théière, un bol, une boîte à thé, huit tasses et six soucoupes, décor à fruits.

132 — *Vieux Chantilly*. Service composé d'un sucrier, deux théières, cinq tasses et soucoupes, décor à fleurs.

133 — *Chelsea*. Deux figurines : paysan et paysanne.

134 — *Mayence*. Chien levrier.

135 — *Vieux Saxe*. Écuelle avec couvercle et plateau, décor à sujets champêtres.

136 — *Vieux Saxe*. Théière, fond violet, médaillons à fleurs.

137 — *Vieux Saxe*. Théière et tasse avec soucoupe, décor à gerbes de fleurs et personnages.

138 — *Vieux Sèvres*. Pot et cuvette, décor à guirlandes et bouquets de fleurs.

139 — *Vieux Sèvres*. Beurrier sur plateau adhérent avec couvercle, décor bouquets de fleurs, bordures bleu et or.

140 — *Vieux Saxe*. Pot à crème, décor fleurs et rocailles.

141 — Deux figurines en porcelaine moderne.

142 — Œuf formant boîte en émail de Saxe.

143 — Œuf formant boîte en porcelaine de Saxe.

144 — *Sèvres moderne*. Cache-pot fond bleu clair, décor à médaillons, amours et trophées.

145 — *Sèvres moderne*. Cache-pot.

146 — *Saxe*. Coupe moderne.

147 — *Tournay ou Saint-Amant*. Paire de grands vases, fond gros bleu à rehauts d'or avec médaillons à sujets mythologiques et paysages. Signés : H. Poitevin. Montures en bronze doré. Style Louis XVI.

PORCELAINES DE CHINE ET DU JAPON

148 — *Vieux Chine.* Vase forme rouleau de la famille verte, décors à cartel d'oiseaux et de branchages.

149 — *Vieux Chine.* Vase à panse renflée de la famille verte, décors représentant un cortège et une audience de mandarins.

150 — *Vieux Chine.* Paire de vases forme presque cylindrique, fond bleu fouetté avec poissons et herbages en rouge et or.

151 — *Vieux Japon.* Paire de grands cornets à riche décor, paysage fleuri et oiseaux en polychrome à rehauts d'or, monture en bronze doré. Style Louis XVI.

152 — *Vieux Chine.* Grande et belle bouteille famille de céladon, décor bleu turquoise truité fin.

153 — *Vieux Chine.* Deux coqs au plumage hérissé en blanc.

154 — *Vieux Chine.* Deux tasses fond capucine, décor à médaillons de la famille rose avec leurs soucoupes.

155 — *Vieux Chine.* Vase forme rouleau de la famille rose, décor représentant une joueuse de mandoline à cheval, accompagnée de deux personnages.

156 — *Chine.* Deux petites jardinières, décor très fin, à personnages et ornements sur fond blanc et bleu turquoise. Epoque Kien-Long.

157 — *Chine.* Bouteille, forme gourde, avec anse à jour, décor bleu soufflé.

158 — *Vieux Chine.* Quatre assiettes de la famille rose, décor à personnages, bordure à dessins variés, mosaïque et médaillons.

159 — *Vieux Japon.* Grand et beau plat, décor polychrome rehaussé d'or, jardinière avec arbustes en fleurs, le bord à lambrequins, et compartiment à oiseaux et herbages.

160 — *Inde ancien.* Assiette, décor à armoiries et bouquets détachés.

161 — *Chine ancien.* Vase de céladon, bleu turquoise truité fin, avec anses à tête de chimères.

162 — *Chine ancien.* Potiche avec couvercle de
la famille verte, riche décor à mandarins.

163 — *Chine ancien.* Vase, forme balustre ren-
versé, de la famille verte, décor paysages
avec figures.

164 — *Chine.* Deux chimères de céladon, décor
bleu flambé.

165 — *Vieux Japon.* Deux plats ronds, décor
polychrome à rehauts d'or, jardinière fleurie,
oiseaux et lambrequins.

166 — Théière en vieux Chine, décor rouge et
or ; objet d'ameublement et vase de fleurs.

167-168 — *Vieux Japon.* Deux grands et beaux
plats décorés de jardinières fleuries en polychrome à rehauts d'or.

169-170 — *Vieux Japon.* Deux autres jolis plats à
décor polychrome et rehauts d'or à armoiries.

171-172 — *Vieux Japon*. Deux plats, décor à fleurs et ornements.

173 — *Vieux Japon*. Légumier, décor polychrome.

174 — *Vieux Chine*. Deux jolies potiches, décor à personnages de la famille verte, avec couvercles boutons corail.

175 — *Vieux Chine*. Vase-bouteille de la famille verte.

176 — *Chine*. Brûle-parfums.

177 — *Chine*. Plat, décor de la famille verte.

178 — *Chine*. Deux jolis plats fond jaune impérial, décor à hirondelles et semis de plantes.

179 — *Vieux Chine*. Très beau vase fond bleu, décor sous couverte. Riche monture à rocailles en bronze ciselé et doré, du docteur Camus. Style Louis XV.

180 — *Vieux Japon*. Deux plats octogones, fond gros bleu à fleurs, médaillons à paysages et animaux.

181 — *Vieux Chine*. Plat de la famille rose, décor à fleurs et oiseaux.

182 — *Vieux Chine*. Plat de la famille rose, décor analogue.

183 — *Vieux Chine*. Plat de la famille verte, décor à personnages.

184 — *Vieux Japon*. Trois beaux et grands plats, décor polychrome à rehauts d'or.

185 — *Vieux Chine*. Deux tasses avec soucoupes, décor à fleurs, fond capucine.

186 — *Chine*. Deux jardinières rectangulaires bleu turquoise, montées en bronze doré, style rocaille.

187 — *Vieux Chine*. Tasse et soucoupe, décor polychrome.

188 — *Vieux Chine*. Paire de jolis vases de la famille verte, décor à chimères dans des paysages ; montures en bronze doré à branchages et rocailles. Style Louis XV.

189 — *Vieux Chine.* Vase avec couvercle de la famille verte, décor fond nuageux au trait rouge, chevaux courant et cartouches de terrain en émaux de couleur.

190 — *Vieux Chine.* Vase avec couvercle de la famille verte, décor dans le même goût.

191 — *Vieux Chine.* Brûle-parfums de la famille rose, décor : kakémonos, vases et gerbes de de fleurs ; monture en bronze doré. Style Louis XVI.

192 — *Vieux Chine.* Vase à joli décor fond blanc et bandes fond rouge, à rosaces et arabesques en émaux de couleur ; monture et couvercle en bronze doré. Style Louis XIV.

193 à 201 — Diverses pièces de vitrine.

202 — *Vieux Chine.* Deux pots à crème, décor à rinceaux fleuris et écussons.

203 — *Vieux Japon.* Deux flacons carrés, décor polychrome à fleurs.

204 — *Lorraine*. Groupe équestre : Enlèvement, en biscuit.

FAIENCES

205 — *Rouen*. Vase dit pot-pourri, décor à plantes et lambrequins en polychrome.

206 — *Sinceny*. Bannette, décor polychrome aux Siamois.

207 — *Castelli*. Deux petites assiettes, décor à personnages et paysages. XVIIe siècle.

208 — *Castelli doré*. Joli petit plat décoré au centre de personnages et de chevaux en forêt, bords à arabesques et figures.

209 — *Rhodes*. Plat, décor à palmes et fleurs.

210 — *Delft doré*. Petit beurrier, décor médaillons marines et ornements.

211 — *Delft*. Deux vases et deux cornets, décor médaillons paysages et figures en bleu.

212 — *Nevers*. Deux bouteilles, décor à sujets chinois en bleu et manganèse.

213 — *Strasbourg*. Deux plats oblongs, décor aux Chinois.

214 — *Sinceny*. Plat à barbe, décor à fleurs.

215 — *Hispano-Arabe*. Plat rond riche décor à palmes et arabesques à reflets métalliques, XVIe siècle ; cadre en bois noir.

216 à 220 — Pièces de diverses fabriques.

221 — *Marseille*. Soupière, décor polychrome.

222 — *Delft*. Violon, décor en camaïeu bleu représentant des deux côtés les danses champêtres ; sur la bordure des amours dans des arabesques feuillagées.

223 — *Bernard Palissy* (*Suite de*). Plat ovale offrant au centre un sujet mythologique : l'Ivresse de Silène ; bord ajouré orné de masques de bacchants.

BRONZES, MARBRES

224 — Paire de très beaux bras d'appliques à deux lumières en bronze ciselé et doré, à rinceaux se terminant en têtes de béliers et branches ornées d'aigles perchées sur des ruines, et tenant dans leurs becs une guirlande de fleurs et de fruits ; thyrses enguirlandés, avec mascarons et couronnés d'une pomme de pin. Époque Louis XVI.

225 — Paire de très grands et beaux bras d'appliques en bronze ciselé et doré à quatre lumières, forme lyre, suspendus par un mascaron à une draperie enrubannée avec couronne de feuillages et dans le bas ornés d'une chute de fleurs avec draperies. Époque Louis XVI.

226 — Deux centaures en bronze, belle patine, sur socle en marbre vert.

227 — Jolie pendule en marbre blanc, forme monument, surmontée d'un vase garni de bronzes ciselés et dorés, flanqués de chaque côté d'un vase cotelé chargé de fleurs et de fruits. Époque Louis XVI.

228 — Joli groupe en marbre : l'Amour au croquet, de d'Épinay.

355

229 — Deux colonnes en marbre fleur de pêcher, avec embases et plinthes en marbre rouge fleuri, richement garni de bronzes ciselés et dorés, à chapiteaux corinthiens. Style Louis XVI.

300

230 — Deux colonnes en marbre fleur de pêcher, embase en marbre vert, monture en bronze doré avec chapiteau. Style Louis XVI.

231 — Fontaine avec bassin en cuivre armorié.

232 — LABATUT. *Junon.* Statuette en marbre.

600

233 — LABATUT. *La Jeunesse.* Buste de jeune garçon. Marbre.

234 — LABATUT. *Satyre enlevant une nymphe.* Groupe en terre cuite originale.

235 — Cartel en bronze doré. Époque Louis XVI.

370

236 — Pendule à cage en glaces. Monture en bronze ciselé et doré. Style Louis XVI.

390

237 — Deux figurines en bronze : Guerriers antiques. Socles en marbre de Sienne.

238 — Groupe en marbre blanc : l'Enfant au Cygne.

239 — Groupe d'Enlèvement en albâtre.

240 — Paire de jolis petits flambeaux, forme colonnettes, en jade vert finement sculpté, montés sur socles, ornés de guirlandes de fleurs, et supportant des vases en bronze ciselé et doré avec bas-reliefs à sujets mythologiques. Style Louis XVI. Travail de Tiffany.

241 — Ecritoire en bronze doré du premier Empire.

242 — Coupe en verre bleu portée par un amour en bronze doré. Premier Empire.

243 — Groupe de chiens en bronze, de Mène.

244 — Mouton en bronze, de Rosa Bonheur.

245 — Petite pendule Louis XVI en marbre et bronze doré avec cariatides d'aigles.

246 — Grande garniture de cheminée en bronze doré : pendule représentant un satyre jouant avec des enfants au milieu de rocailles et de vignes. Candélabres à six lumières avec groupes d'enfants de style rocaille, de Monbro.

247 — Deux brûle-parfums formant flambeaux en bronze doré à draperies et têtes de béliers. Style Louis XVI.

248 — Pendule formée par un vase en porcelaine rouge haricot, cadran orné de guirlandes de feuillages, monture en bronze ciselé et doré. socle à quatre pieds, orné de cartouches et de branches de lauriers. (De la maison Roingo frères.)

MEUBLES

249 — Beau régulateur en bois d'acajou richement garni de bronzes ciselés et dorés, le haut et le bas à fortes moulures, les encadrements à rais de cœur et feuillages enroulés, le fronton à guirlandes enlacées et les petites moulures à tores de lauriers. Époque Louis XVI.

250 — Grand bureau plat en bois d'acajou, garni de bronzes. Époque Louis XVI.

251 — Commode forme demi-lune en bois d'acajou, s'ouvrant à deux tiroirs sur le devant, et à portes pleines sur les côtés, garnie d'encadrements de rosaces, de chutes de lauriers enrubannés et autres motifs en bronze, dessus en marbre. Époque Louis XVI.

252 — Jolie table-toilette, s'ouvrant dessus à trois compartiments devant avec tablette pour écrire et tiroirs en marqueterie de bois, à bouquets de fleurs sur fond de bois rose et palissandre, garnie de bronzes dorés. Époque Louis XV.

253 — Jolie petite table chiffonnière en marqueterie de bois, dessin paysage avec cours d'eau et cavaliers sur le devant, trophées d'attributs sur les côtés, et trophées de musique encadrés de fleurs sur le dessus, garnie de bronzes finement ciselés et dorés. Elle s'ouvre à une porte sur le devant et à l'intérieur à quatre tiroirs superposés. Sur le côté à tablette pour écrire. Style Louis XVI. Travail de Dromard.

254 — Meuble à deux portes en marqueterie de Boule, dessin à médaillons et ornements en cuivre sur fond d'écaille de l'Inde, monture en bois noir richement garnie de bronzes dorés d'époque postérieure.

255 — Beau meuble d'appui ouvrant à deux portes, décor en marqueterie de bois de David, avec colonnes cannelées et détachées sur les côtés, richement garni de bronzes ciselés et dorés, style Louis XVI. Dessus en marbre rouge griotte.

256 — Deux très jolies petites chaises en bois finement sculpté et doré, dessin à coquilles et volutes, foncé de canne dorée. Style Régence. Travail de Dromart.

257 — Joli miroir avec cadre en bois sculpté et doré, offrant une suite d'attributs guerriers. XVIIIe siècle.

258 — Coffre en bois sculpté offrant sur le devant des arabesques d'ornements et un écusson à fleurs de lis, aux extrémités des figures en haut-relief. XVIe siècle.

259-260 — Deux très beaux meubles bahuts, surmontés de cartonniers avec cartels au fronton, tout en bois rose, palissandre et marqueterie à gerbes de fleurs décorant la façade et les côtés. Ils s'ouvrent à deux battants; le haut, disposé à étagères et tiroirs bombés et à contours sur les côtés, avec tablettes se tirant pour écrin à hauteur d'appui. Ces meubles, intéressants par leur forme, sont garnis de bronzes à rocailles et branchages enrubannés. Partie époque Louis XV. Cadran du cartel signé : Verner

261-262 — Deux jolies marquises, dossiers à médaillons, côtés cintrés et gondolés, en ancienne tapisserie, à bouquets, gerbes et guirlandes de fleurs sur fond crème, contre-fonds bleu pâle. Bois sculptés et dorés, à écussons, feuilles d'acanthe et jetées de fleurs. Style Louis XVI.

263 — Deux fauteuils Louis XV, bois sculptés et dorés, couverts d'ancienne tapisserie representant des allégories aux Fables de La Fontaine, encadrées de fleurs et d'ornements.

264 — Joli meuble bahut, laqué d'or, orné de

colonnes détachées et de chapiteaux en bronze doré, dessus en marbre griotte. Style Louis XVI. Pouvant former jardinière.

265 — Baromètre avec cadre en bois sculpté et doré. xviiie siècle.

266 — Baromètre-thermomètre en vernis Martin, décor à fleurs. xviiie siècle.

267 — Table de nuit de forme bombée, en bois rose et palissandre, garnie de bronzes, ouvrant à deux portes, deux tiroirs et tablette pour écrire.

268-269 — Deux vitrines à hauteur d'appui s'ouvrant à deux portes en bois sculpté et doré, à colonnes cannelées détachées, rehaussé de décor en camaïeu bleu. Style Louis XVI.

270 — Trois chaises volantes en bois sculpté et doré; dessus en soie ornée de broderie. Style Louis XVI.

271 — Console en bois sculpté et doré sur quatre pieds, deux à pilastres avec coquilles,

deux à enroulements, devant à mascaron sur cartouche, dessus en marbre portor. Style Louis XIV.

272 — Petite console en bois sculpté et doré, dessus en marbre blanc. Style Louis XVI.

273 — Grande armoire à deux portes en noyer sculpté, décor à ornements et coquilles. Époque Régence.

274 — Coffre du xvie siècle en bois sculpté, décor à draperies, fleur de lis et arbrisseau.

275-276 — Deux petites vitrines en noyer sculpté, rehaussé d'or, dessus en marbre violacé. Style Louis XVI.

277 — Petit bureau en acajou garni de filets de cuivre avec tiroir, dessus formé par un cartonnier, galerie ajourée. Style Louis XVI.

278 — Petite table en acajou garnie de cuivre, dessus en marbre rouge, galerie ajourée, pieds à croisillons. Style Louis XVI.

279 — Banquette en bois sculpté et doré. Époque
Louis XIV.

280 — Deux consoles d'angle en bois sculpté et
doré, dessus en marbre blanc, pieds à canne-
lures. Époque Louis XVI.

281 — Grande commode Louis XVI, à trois tiroirs
en marqueterie et cuivre, dessus marbre gris.

282 — Tabouret Louis XVI, bois finement
sculpté et doré, couvert d'étoffe fond rouge à
personnages en grisaille.

283 — Petite table à écrire, Louis XVI, en marqueterie à damiers.

284 — Table de nuit Louis XV, en noyer sculpté
et ciré, pieds cannelés, panneaux présentant
en relief des nœuds de rubans, des feuillages,
des flèches et des carquois.

285 — Écran Louis XVI, en noyer finement
sculpté, peint en blanc garni de soie jaune.

TAPISSERIES

ÉTOFFES

286 — Très belle et grande cantonnière en tapisserie de Bruxelles du temps de Louis XIV
représentant en haut une armure, des guirlandes de fleurs et des amours tenant des mi-
roirs très enrubannés. Les pentes offrent des
trophées, des fleurs et des écussons.

287 — Trois beaux panneaux en tapisserie de
Bruxelles, époque Louis XIV, représentant
des sujets mythologiques.

288 — Beau dessus de porte en tapisserie de
Bruxelles, représentant des amours dans les
nuages.

289 — Tapisserie d'Aubusson, d'après Oudry,
représentant un trophée devant une tente
rustique dans un paysage. Bordure à fleurs et
nœuds de rubans. XVIIIe siècle.

290 — Cantonnière en ancienne tapisserie, guirlandes de fleurs et médaillons à paysages.

291 — Tapisserie ancienne représentant un paysage boisé animé de volatiles.

292 — Très jolie tapisserie représentant un paysage accidenté arrosé par un fleuve, avec ville forte à droite, volatiles et chien au premier plan. Encadrée de peluche de lin mordorée.

293 — Deux jolies portières en ancienne tapisserie à petits personnages et animaux dans des paysages boisés et accidentés.

294 — Huit portières et tenture murale en peluche de lin mordoré.

295 — Suite de trois grandes tapisseries d'Aubusson du xviiie siècle, représentant des paysages accidentés avec vues de châteaux, animés de volatiles. Bordures à fleurs et ornements.

296 — Couvre-lit en damas rouge tramé or, avec franges métalliques. Louis XIV.

297 — Trois petits panneaux en savonnerie représentant un portrait de jeune fille et des sujets de chasse. Travail ancien.

298 — Tapis en satin rouge brodé d'Orient ancien.

299 — Coupe de dauphine blanche brochée à bouquets de fleurs, Époque Louis XVI.

TABLEAUX — PASTELS

BLUM (Maurice)

300 — *Le Message à la marquise.*

301 — *Le Mari indiscret.*

CABAT (L.)

302 — *Entrée de village.*

Signé.
Provient de la vente de l'artiste.

CONSTABLE (Attribué à)

303 — *Paysage avec figures.*

DEBUCOURT

304 — *La Promenade publique.*

— *La Galerie de bois au Palais-Royal.*

Deux gravures en couleur.

FRAGONARD (Attribué à)

305 — *Le Repos champêtre.*

Berger et bergère assis à l'ombre de grands arbres, surveillant leur troupeau.

HOUBRAKEN

306 — *Artémise devant le tombeau de Mausole.*

Signé.

INNOCENTI

307 — *Les Baigneuses surprises.*

Joli tableau.

LA LYRE

308 — *Nymphe et Triton.*

309 — *Les Sirènes surprises par les dauphins.*

LA ROCQUE

310 — *Chiens de chasse.*

LA ROSALBA (Attribué à)

311 — Portrait de grande dame en bacchante.

Joli pastel ovale.

MALBRANCHE

312 — Paysage ; effet de neige.

Signé.

OUDRY

313-314 — Animaux et volatiles.

Deux pendants.

Signés : J. B. Oudry. Datés.

ROMBOUT-TROYEN

315 — Résurrection de Lazare.

Signé et daté.

TISCHBEIN

316 — Portrait de la princesse Wilhelmine de Prusse, reine de Hollande.

Beau pastel.

VEYRASSAT

3i7 — *Scène de chasse.*

Signé.
Provient de la vente de l'artiste.

WASHINGTON

318 — *Fantasia.*

Beau tableau.
Signé.

WATTEAU DE LILLE

319 — *Assemblée galante.*

ÉCOLE ALLEMANDE

320 — *Les Vendanges.*

321 — *L'Acteur italien.*

322 — *La Danseuse.*

Trois aquarelles, têtes en ivoires et costumes à
applications de soierie Louis XV.
Provenant du château de la Favorite.

ÉCOLE ANCIENNE

323 — Six gravures représentant l'Odyssée de Louis XVI.

ÉCOLE FRANÇAISE

324 — *Portrait de Louis XV enfant.*

> Joli pastel.
> Cadre en bois sculpté et doré. Style xviii° siècle.

ÉCOLE FRANÇAISE

325 — *Tête de femme avec ruban dans les cheveux.*

> Dessin rehaussé de couleur.

326 — Tableaux et autres objets omis.

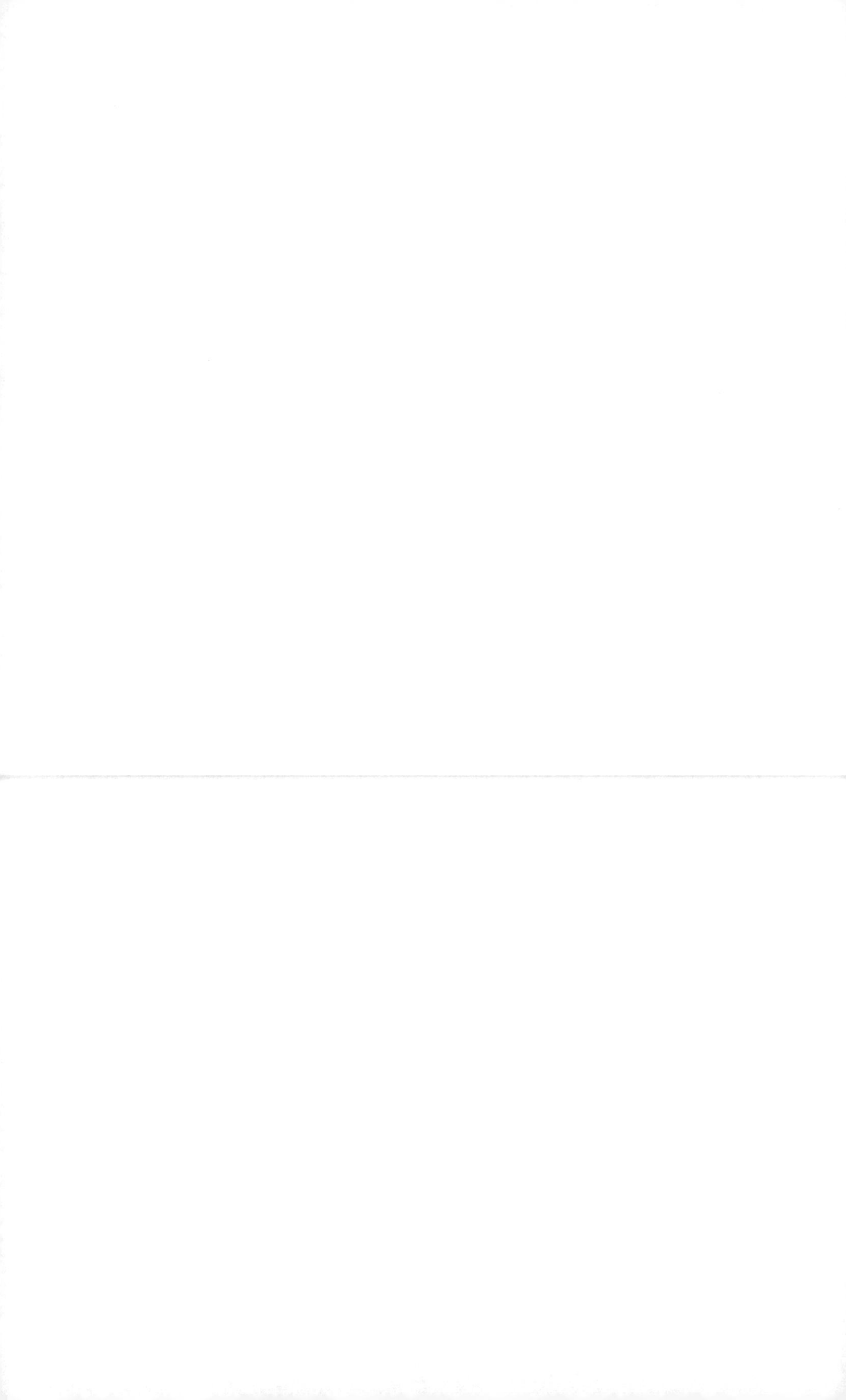

www.ingramcontent.com/pod-product-compliance
Ingram Content Group UK Ltd.
Pitfield, Milton Keynes, MK11 3LW, UK
UKHW031747170726
13836UKWH00002B/927